NOTICE BIOGRAPHIQUE

SUR

MGR JEAN JACOUPY

ANCIEN ÉVÊQUE D'AGEN

Par un Prêtre du Périgord.

RIBÉRAC

TYPOGRAPHIE & LITHOGRAPHIE G. DELECROIX

Libraire et relieur, rue de la Sous-Préfecture.

—

1868

NOTICE BIOGRAPHIQUE

SUR

MGR JEAN JACOUPY

ANCIEN ÉVÊQUE D'AGEN

PAR UN PRÊTRE DU PÉRIGORD.

———oo⁂oo———

Le souvenir de Mgr Jacoupy, ancien évêque
d'Agen (de 1802 à 1840), n'est pas sans doute encore effacé à Ribérac et dans les environs, mais,
il faut le reconnaître, la génération actuelle ne connaît guère de cet ancien prélat que son nom et sa
grande réputation de bonté. Rien ne s'oublie si
vite, hélas! que l'histoire locale, et cela parce que
n'étant pas écrite, la tradition seule est chargée du
soin de la transmettre. Autrefois nos aïeux conservaient avec un pieux respect les vieux souvenirs et,
le soir, au coin du feu, ils racontaient à leurs petits
enfants ce qu'ils savaient du temps passé et ceux-
ci, à leur tour, le racontaient plus tard à leurs propres enfants. Ainsi se conservaient par la tradition
l'histoire locale et les noms des hommes qui, à un
titre quelconque, avaient illustré leur pays. Aujourd'hui, à cause de la facilité des transports et du
besoin de mouvement de la société moderne, les

déplacements des familles deviennent et si nombreux et si fréquents qu'il n'y a guère plus dans les localités de vieilles familles, je veux dire de vieux foyers, et par là même de vieux souvenirs. Les traditions se perdent et nous sommes obligés de convenir que si la génération présente n'écrit pas les faits les plus saillants de l'histoire locale, les communes et les paroisses ne conserveront pas plus de souvenirs des générations précédentes que les sables mouvants du désert ne conservent de traces des caravanes qui les ont traversés.

Qu'il nous soit donc permis de venir rappeler à nos compatriotes le souvenir d'un homme qui est né à deux pas de Ribérac et qui d'un rang obscur a été élevé par ses vertus, par ses mérites et par les secrets desseins de la Providence, au rang de prince de l'Eglise. Nous avons à leur faire connaître sur sa vie des détails qui ne manqueront pas de les intéresser et de les édifier.

Jean Jacoupy naquit en 1761, au bourg de Saint-Martin-de-Ribérac, de parents pauvres, il est vrai, des biens de la fortune, mais riches de cette probité antique qui constitue la vraie noblesse de l'homme et que rien ne saurait remplacer. Son père, digne et respectable vieillard, jouissait de l'estime et de la considération publiques dans toute la contrée.

Pour compléter l'instruction primaire qu'il avait reçue dans son village, le jeune Jacoupy fut envoyé au petit collège de Ribérac où il fit de rapides progrès. Mais il n'y resta pas longtemps; son père le retira bientôt et le plaça en qualité de clerc chez M. Pourteyron, notaire royal à Ribérac.

Cette détermination du chef de sa famille l'attrista profondément, parce qu'il se vit par là même détourné de la voie dans laquelle il désirait secrétement entrer. Depuis longtemps, en effet, il se sentait un attrait irrésistible pour l'état ecclésiastique, mais il n'avait jamais osé en parler à sa famille, sachant bien qu'elle n'avait pas les ressources nécessaires pour le pousser dans cette carrière.

Toutefois, au milieu de sa tristesse, un rayon d'espoir se fait jour dans son cœur. Il connaît la foi, le dévoûment et la charité de M. Gros, curé de sa paroisse, de ce vénérable prêtre qui l'a baptisé, qui lui a fait faire sa première communion et qui l'a choisi parmi ses petits camarades pour le servir à l'autel ; il va le trouver et lui soumet naïvement le sujet de sa tristesse. Le bon pasteur se rend de suite chez la famille Jacoupy et, prévoyant l'objection qu'on va lui faire, il dit au père : « Je viens » vous demander votre enfant pour l'Église ; Dieu » l'appelle à son service. Quant aux frais de son » éducation cléricale, je m'en charge. »

Oh ! combien fut attendrissante la scène qui se passa alors dans l'heureuse famille ! Le père, surpris d'apprendre en même temps et la vocation de son fils et le moyen d'y donner suite, accorde volontiers son consentement. La mère, tout émue et voyant déjà par la pensée son fils à l'autel, demeure immobile et verse des larmes de joie. Quant à l'enfant, plus heureux encore que tous, il saisit avec empressement les mains du vertueux prêtre, les porte à ses lèvres et les presse sur son cœur, comme témoignage d'une éternelle reconnaissance.

Jean Jacoupy reçut les premières leçons de latin au presbytère de Saint-Martin et fut envoyé plus tard à Périgueux et à Limoges pour achever ses études.

Ordonné prêtre, il fut nommé vicaire de la paroisse de Roncenac, appartenant actuellement au diocèse d'Angoulême. Là il sut se concilier l'estime et l'affection de tous par ses manières pleines de distinction et de politesse, par sa tenue vraiment ecclésiastique et surtout par la bonté et l'exquise délicatesse de son cœur.

C'est tout le bien qu'il entendait dire de son ancien élève, son fils adoptif, qui porta M. Gros, curé de Saint-Martin, à vouloir résigner son bénéfice en sa faveur. M. Jacoupy refusa. « *Le pasteur*, dit-il, » *a besoin d'autorité et d'influence pour faire le* » *bien. L'une et l'autre me manqueraient peut-* » *être dans mon pays.* » Ainsi, en renonçant à une position plus brillante (1), le jeune prêtre faisait preuve et d'un désintéressement digne d'élo-

---

(1) Il ne faut pas juger de ce qu'était autrefois la paroisse de Saint-Martin par ce qu'elle est aujourd'hui. Avant la grande révolution, Ribérac n'existait pas comme paroisse, mais était divisé entre les paroisses voisines : Saint-Martin, Faye et Saint-Martial. Saint-Martin, pour sa part, englobait la moitié de la ville et s'étendait encore au loin dans la campagne actuelle de Ribérac, ce qui élevait le chiffre de sa population à près de 2,000 âmes. De plus, des revenus relativement considérables étaient attachés à la desserte de Saint-Martin, desserte que rendait bien facile la présence de deux vicaires.

L'église de la Trinité, à Ribérac, qui sert en ce moment de minage, rue Coulaud, fut bâtie par les soins de M. Gros, curé de Saint-Martin. L'acte d'acquisition du terrain qui servit à l'emplacement se trouve dans les archives de la mairie de Ribérac. Un vicaire de Saint-Martin venait donner les offices, le dimanche, dans cette petite église qui fut pendant plusieurs années l'unique église de la paroisse naissante de Ribérac.

ges et d'un véritable zèle pour le bien de la religion.

Quelque temps après, la volonté de son évêque l'appela dans la paroisse de Cumond, près Saint-Privat, en qualité de curé.

Devenu pasteur à son tour, il prit au sérieux les devoirs qui incombent à un prêtre qui a charge d'âmes. Et comme le premier devoir d'un curé est d'aimer beaucoup le troupeau qui lui est confié, il voua à sa petite paroisse de Cumond une affection profonde, une affection qu'il conservait encore sur le siège d'Agen. Plus tard, en effet, étant évêque d'Agen, il se plaisait à parler souvent avec ses amis de son ancien presbytère, des saintes joies du ministère pastoral à la campagne et de ses anciens paroissiens dont les noms lui revenaient au souvenir. Ah! on ne sait tout ce qu'il y a dans le cœur d'un prêtre de tendresse, d'affection, d'attachement ineffable pour sa première paroisse ; c'est la tendresse, c'est l'affection, c'est l'attachement d'une jeune mère pour son premier né !

Aussi, quel ne fut pas le déchirement du cœur du jeune curé, lorsqu'il fallut quitter sa paroisse pour fuir sur une terre étrangère ! La constitution civile du clergé réclamait de lui comme de tous les prêtres un serment schismatique et impie, un serment par lequel il fallait rompre avec l'Eglise de Rome, avec l'antique discipline de l'Eglise. Le refuser, c'était l'exil et peut-être la mort. Le choix pour M. Jacoupy ne pouvait être douteux et la plus petite hésitation lui était impossible ; le devoir avant les affections de famille, de paroisse, le devoir avant la patrie, la tranquillité, le repos, le devoir avant la vie. Le cœur brisé, il se décide promptement et part pour l'exil.

Nous ne pouvons passer ici sous silence un épisode important de son départ. En quittant Cumond il se rendit à Saint-Martin-de-Ribérac pour dire un dernier adieu à ses parents et au vénérable pasteur, son second père. Hélas ! il trouva ce bon vieillard plongé dans la plus profonde douleur et il le vit se jeter à ses pieds pour lui demander pardon du scandale, disait-il, qu'il venait de donner. Que s'était-il donc passé ?

La municipalité de Ribérac avait fait appeler le vieux prêtre et, par habileté, par ruse, lui avait fait apposer sa signature au bas d'une formule de serment. Ce n'est qu'à son retour qu'il comprit la gravité de sa faute et c'est en ce moment que se présentait au presbytère l'abbé Jacoupy. Ah ! monsieur le curé, lui dit le jeune prêtre, vous n'avez pas agi avec votre pleine connaissance, votre plein consentement et, par conséquent, vous n'êtes nullement coupable devant Dieu, mais il faut au plus tôt réparer cette erreur devant les hommes. M. Gros partit de suite pour Ribérac, fit par écrit une rétraction qu'il signa et fit signer par trois témoins : MM. Duburguet, Lavillenie, de St-Victor, exigeant qu'elle fût conservée dans les registres de la municipalité, registres qu'on peut consulter encore dans les archives de la mairie de Ribérac. Sa rétraction faite, M. Gros revint à Saint-Martin, le cœur un peu soulagé et sans la moindre crainte des grands dangers que sa rétraction allait lui faire courir. Il embrassa avec transport le jeune prêtre et lui fit ses derniers adieux. Quelques jours après, M. Jacoupy abordait les côtes d'Angleterre et M. Gros n'était plus de ce monde ; il etait mort de douleur !

Le pauvre exilé arriva en Angleterre sans argent,

sans ressources, sans moyens d'existence ; il n'a-
vait porté avec lui que sa foi et son sacerdoce, son
seul, mais son plus précieux trésor. Il donna quelques leçons de français à quelques élèves et vécut
des faibles rétributions que ce travail lui procurait.
Pourvu, comme saint Paul, *qu'il eût un vêtement
pour se couvrir et un morceau de pain pour se
nourrir, il était content.*

Toutefois, dans son infortune, une grande con-
solation lui était réservée ; il avait trouvé à Londres
Mgr de Flamarens, son évêque, — évêque de Périgueux, — et ce digne prélat ne fut pas seulement
pour lui un supérieur mais encore un ami. C'est
auprès de lui qu'il venait assidûment apprendre à
supporter les longs jours de l'exil, à plaindre son
infortunée patrie et à prier pour elle.

La vie qu'il menait était précaire et le pain pouvait lui manquer d'un moment à l'autre. Une occa-
sion se présenta d'échanger contre des offres sédui-
santes sa misère et ses privations. Un capitaine de
navire anglais, fort riche et qui goûtait avec déli-
ces son éducation, ses bonnes manières et son
amitié, lui proposa de le suivre dans un voyage de
long cours ; une grande fortune lui était assurée.
« *Monsieur*, répondit l'exilé sans demander un ins-
» tant de réflexion, *votre offre me flatte et je vous
» en remercie. Mais, pour vous suivre sur mer il
» me faudrait renoncer à célébrer les saints mys-
» tères ; je ne puis y consentir. Je serai pauvre,
» exilé, tant que le Ciel le trouvera bon, mais ni
» la pauvreté ni l'exil ne m'ôteront jamais mon
» caractère et ma conscience. Reconnaissant pour
» vos bontés, je suis avant tout chrétien et
» prêtre.* »

Belle et sublime réponse dans laquelle se trouvent toute la foi, toute la piété et toute la grandeur d'âme d'un saint prêtre !

Si nous cherchions la raison de l'élévation de M. Jacoupy à l'épiscopat, nous la trouverions tout entière dans cette admirable réponse. Le Christ autrefois avait posé cette première question à un pauvre et obscur batelier : « *Qui croyez-vous que je suis?* » Et le batelier avait répondu avec empressement : « *Vous êtes le fils du Dieu vivant.* » Plus tard il lui posa cette autre question : « *Pierre, m'aimes-tu ?* » « *Oui, Seigneur….* répondit le batelier, *et vous le savez bien que je vous aime* » Et le Christ ajouta aussitôt : « Pais *mes agneaux*, pais mes brebis……. *Tu es Pierre et sur cette pierre je bâtirai mon église.* » Ces deux réponses, témoignage éclatant de foi vive, d'amour ardent et sincère, valurent à l'humble batelier l'insigne honneur d'être le chef du collège apostolique, le chef suprême de la religion chrétienne, le premier pape. Or, dans les paroles de M. Jacoupy au capitaine anglais, nous voyons implicitement contenues les deux réponses de saint Pierre au Divin Maître. Quoi donc d'étonnant que le Christ qui préside toujours au choix de ses pontifes, ait voulu récompenser la foi vive de ce prêtre obscur et son ardent amour pour l'Eglise, en l'élevant à la haute dignité de l'épiscopat ?

Cependant, l'ordre reparaissait en France ; le sang avait cessé de couler et l'échafaud avait été relégué dans un coin pour les seuls criminels. Napoléon faisait rappeler les prêtres de l'exil et permettait à l'Eglise de France de relever sa tête percée d'épines. M. Jacoupy accourut en toute hâte et passa à Paris pour se rendre en Périgord. Il rencontra par hasard — nous devrions dire plutôt par un mystérieux dessein de la Providence, — il rencontra un personnage qui portait le même nom que lui et qui, après quelques explications, se trouva être un cousin au troisième ou quatrième degré. Ce personnage était général et ami intime du premier consul Bonaparte. Il ne connaissait pas le Périgord où il n'était jamais venu, mais son grand-père tirait son origine de la petite paroisse de Faye, près Ribérac. C'était en 1802.

— Et comment donc vous trouvez-vous ici, mon cher cousin? lui dit le général.

— Je reviens de l'exil et je rentre dans mon pays, répondit l'abbé Jacoupy.

— Vous n'avez rien à demander au gouvernement?

— Rien, général, je vous remercie. Je n'ai qu'un désir, celui de revoir au plus tôt ma paroisse de Cumond, près Saint-Privat.

— Mais je puis vous faire donner autre chose? Le premier consul ne peut rien me refuser.

— Rien autre chose, je vous l'assure, général, ne saurait me sourire comme ma première paroisse.

Le lendemain de cette entrevue, l'abbé Jacoupy était mandé au palais de Bonaparte. Ignorant ce qu'on voulait de lui il se rendit tout timide chez le premier consul.

Bonaparte jeta sur lui un de ces regards profonds qui connaissaient si bien les hommes et parut satisfait de l'impression que faisait sur lui l'abbé Jacoupy. « Monsieur l'abbé, lui dit-il, votre cousin » m'a parlé de vous en de très-bons termes et je

» vois qu'il ne m'a pas trompé. J'ai l'intention de
» faire de vous un évêque. »

Le pauvre prêtre étonné, surpris, stupéfait, bal-
butia quelques mots de refus et de remerciment.

« Vous serez évêque, évêque d'Agen, vous dis-
» je, ajouta le futur empereur, et vous ferez, je m'y
» entends, un excellent évêque ! »

Que va faire M. Jacoupy ? S'il écoutait son cœur,
sa conscience, ses goûts, il sait bien la réponse
qu'il ferait : il refuserait obstinément le fardeau
qu'on veut lui imposer. On lui conseille de consulter un homme qui passait alors pour l'oracle du
clergé de France, M. Emery, supérieur du séminaire de Saint-Sulpice, à Paris. Il va désolé et sup-
pliant trouver ce saint prêtre, il lui expose les rai-
sons qui l'engagent à ne pas accepter l'épiscopat et
plaide si bien la cause de sa modestie que M. Emery
finit par être de son avis. Dans la voix du supérieur
de Saint-Sulpice M. Jacoupy croit avoir entendu
celle du ciel ; sa figure s'illumine et la joie est dans
son cœur. Il salue M. Emery et le remercie avec
bonheur de sa réponse.

O digne et saint prêtre, enfant de l'exil, ne vous
réjouissez pas tant ; vous n'avez pas entendu le
dernier mot de l'oracle que vous vous êtes choisi.
En effet, M. Emery se ravise ; il voit un digne hé-
ritier des apôtres dans celui qui tremble de toucher
à la houlette du premier pasteur et qui a dejà donné
à l'Eglise un si grand témoignage de foi, de dévoûment et d'amour. « Monsieur l'abbé, lui dit-il, j'ai
» réfléchi devant Dieu. L'Eglise votre mère vous de-
» mande un grand dévoûment. Courbez donc vos
» épaules et soyez évêque. Vous avez dit à Dieu :
» *Qui suis-je pour aller délivrer les enfants d'Is-*

» *raël ?* Eh ! bien, c'est Dieu lui-même qui me charge
» de vous répondre : *Ayez courage, je serai avec*
» *vous !* Dans le diocèse où l'on vous appelle les
» lampes du sanctuaire sont éteintes, allez les ral-
» lumer. »

Un espoir restait encore à **M. Jacoupy.** Il espérait
que le Saint-Père ne ratifierait pas la nomination
faite par le gouvernement français et le débarrasse-
rait par là même du lourd fardeau de l'épiscopat.
Oh ! comme il aurait été heureux, au moindre signe
du chef de la catholicité, d'envoyer humblement sa
démisssion d'évêque d'Agen !.......... M. Jacoupy
était trop bon prêtre pour ignorer que la nomination
d'un évêque par le gouvernement ne peut être
qu'une simple proposition et qu'au Saint-Siège seul
appartiennent le devoir et le droit de nommer les
évêques.

Le Saint-Siége, toutefois, ratifia la nomination
faite par le premier consul. Le diocèse d'Agen eût
dès lors un évêque, et c'est cet ancien enfant de
chœur de Saint-Martin, ce pauvre curé du Périgord, cet exilé de 10 ans, qui recevra dans ses mains
la houlette de premier pasteur dans ce beau diocèse !
Et ce n'est pas seulement le diocèse d'Agen qu'il
aura à administrer, mais encore celui d'Auch,
dont la charge pèsera pendant vingt ans sur ses
épaules.

La nouvelle de sa nomination et de son sacre
fut bientôt connue à Ribérac et à Saint-Martin. Son
vieux père n'existait plus; depuis longtemps il était
mort. Sa vieille mère vivait encore, mais elle était
malade. Cette grande nouvelle faillit la faire mourir
de joie, et même, au dire des contemporains, elle
hâta la fin de ses jours. Une forte émotion de joie

est aussi funeste pour une santé chancelante qu'une grande peine, un grand chagrin. Mgr l'évêque d'Agen, aussitôt après son sacre, accourut avec empressement à Saint-Martin pour porter sa première bénédiction à sa mère mourante; mais, hélas! il arriva trop tard; il n'eût à bénir qu'un tombeau !

Devenu évêque, Mgr Jacoupy accepta sans exception tous les devoirs de l'épiscopat et dès le premier jour il se livra au travail avec une grande ardeur. Il s'entoura d'hommes capables par leur intelligence et leur habileté dans les affaires de lui donner de bons conseils et ne prit jamais de graves décisions sans y avoir mûrement réfléchi.

Mais quel travail gigantesque! Deux diocèses et 800 paroisses à refaire, à pourvoir des choses les plus indispensables au culte et surtout à pourvoir de pasteurs. La Révolution, on le sait, avait renversé les autels, pillé les sacristies, exilé ou égorgé les prêtres. Il commença d'abord par rallier autour de lui les vieux confesseurs de la foi qui revenaient de l'exil et les dissémina dans les paroisses les plus importantes. Il créa ensuite un grand et un petit séminaire pour l'éducation des jeunes lévites destinés à devenir plus tard des pasteurs des âmes. Enfin, à force de sollicitude, il parvint au bout de longues années à réparer dans les temples.les ruines de la Révolution et à posséder un clergé à peu près suffisant.

Dans ses rapports avec l'autorité, il sut toujours par sa prudence et son esprit conciliant, éviter jusqu'aux plus petits conflits et cela sans nuire à ses devoirs et à la dignité de son caractère. Mais quand la foi, la discipline et les droits de l'Eglise étaient en question, il montrait une fermeté inébranlable et ne souscrivait à aucune transaction ; l'ancien exilé, l'ancien confesseur de la foi ne pouvait perdre sous la mitre du pontife le dévoûment, le zèle et le courage dont il avait fait preuve aux plus mauvais jours.

La réponse qu'il fit au terrible guerrier qui avait mis sur sa tête la couronne de France et qui faisait trembler sur leurs trônes les rois de l'Europe, sera pour lui une éternelle gloire. Napoléon avait convoqué à Paris, en 1811, un concile national pour y faire approuver des projets hostiles à la juridiction du Souverain-Pontife et il espérait avoir le concours de plusieurs évêques. « *Monseigneur*, dit-il un jour » à l'évêque d'Agen qu'il voyait en particulier. *je* » *ne vous dissimule pas que je compte sur vous.* » » *Oui, Sire, vous pouvez compter sur moi,* ré- » pondit l'évêque d'Agen', *comme sur un de vos* » *plus dociles et plus fidèles sujets...... mais jus-* » *qu'à la foi, Sire !.....* » L'Empereur fronça le sourcil et le quitta brusquement. Et lorsque des instances plus pressantes étaient faites auprès des évêques par le ministre de l'Empereur, Mgr Jacoupy sut faire entendre cette belle parole de l'évêque et du martyr : On peut disposer de nos jours, mais on ne disposera jamais de notre conscience ; nous savons tous le chemin de la place de Grève !

En 1825, une longue maladie avait usé ses forces et par là même cette vigueur nécessaire pour les longues et pénibles courses pastorales et pour une administration surchargée d'affaires. Il envoya sa démission au Souverain-Pontife en le priant de l'accepter et de lui donner un successeur. La réponse du Saint-Père fut des plus élogieuses et des plus affectueuses pour l'évêque d'Agen. Le Saint-Père le suppliait de ne pas laisser tomber de ses mains la houlette pastorale, mais de la reprendre au contraire avec une nouvelle énergie pour achever le bien qu'il avait commencé avec tant de succès. Docile à la voix du père commun des fidèles, Mgr Jacoupy reprit le fardeau de l'épiscopat et le garda pendant 15 ans encore.

Mais en 1840, il comprend qu'il lui est impossible de poursuivre plus longtemps encore sa carrière; il avait 80 ans d'âge et 40 d'épiscopat. « C'est » assez combattu ainsi, dit-il; aujourd'hui les ar- » mes pourraient m'échapper; qu'un autre les » prenne, ma course est achevée. » Il écrit donc une seconde fois à Rome et reçoit enfin une réponse favorable. Il pourra, comme il le disait lui-même à son clergé et aux fidèles dans sa dernière lettre pastorale, « il pourra maintenant mettre un inter- » valle entre les préoccupations de la vie active de » son ministère et les graves pensées de la mort, » afin de repasser dans le calme de la retraite les » longues années de son épiscopat et de se mieux » préparer au compte terrible qui lui en sera de- » mandé. »

Dans cette lettre pastorale, où il fait ses derniers adieux à son troupeau, il se peint tout entier; on y voit ressortir les nobles et belles qualités de sa grande âme : sa foi vive, son amour ardent pour l'Eglise et son diocèse, la délicatesse de ses sentiments, la bonté de son cœur et la droiture de son esprit.

Ici finit la vie publique de Mgr Jacoupy. Nous avons donné un historique très-succinct de sa vie et de son épiscopat et, pour ne pas entraver la marche de l'histoire, nous ne nous sommes pas arrêtés à considérer l'homme, à voir ce qu'il y avait de remarquable dans son caractère, son esprit et son cœur. Nous allons y suppléer maintenant, afin de donner à nos lecteurs une idée à peu près complète de ce que fut notre prélat.

Admirablement doué par la nature, Mgr Jacoupy avait une belle taille, une attitude digne, majestueuse et simple en même temps, un abord facile et affable. Revêtu des ornements épiscopaux, il pontifiait avec une majesté qui imposait le respect ; il se montrait vraiment prince de l'Eglise.

Mais comme ce ne sont pas les dehors et l'enveloppe corporelle qui font l'homme, mais bien les qualités de l'esprit et du cœur, voyons ce que fut Mgr Jacoupy sous ce double point de vue.

Quelques personnes qui n'avaient jamais été à même de voir Mgr Jacoupy, qui ne connaissaient de lui que les circonstances vraiment singulières de sa promotion à l'épiscopat, n'ont voulu voir dans cet évêque qu'un homme d'une intelligence ordinaire, presque vulgaire. C'est là une erreur. Mgr Jacoupy n'était ni orateur ni écrivain, c'est vrai. Mais tous les mérites d'un homme ne consistent pas à porter admirablement la parole dans une chaire ou dans une tribune, ou bien encore à composer des ouvrages scientifiques et littéraires ; on peut avoir de l'intelligence sans aspirer à être un orateur ou un écrivain. Du reste, orateur ne l'est pas qui veut ; malgré l'assertion du poëte, on nait orateur comme on nait poëte. On perfectionne plus ou moins le germe qu'on porte en soi, mais si ce germe n'existe pas on ne sera jamais orateur. Que d'hommes vraiment remarquables d'ailleurs par leur esprit, leur science et leurs connaissances variées, n'ont jamais senti au fond de leur âme ce souffle inspirateur, ce feu sacré qui remue les masses, les électrise et fait le véritable orateur. Ecrivain ? Mgr Jacoupy n'aurait pas eu le temps de l'être, lors même qu'il aurait senti du goût pour le travail du cabinet. Presque toujours en tournées pastorales dans les 800 paroisses de ses deux diocèses, il ne lui restait que peu de temps libre et ce peu de temps était complètement absorbé par l'administration diocésaine. Nous devons cependant reconnaitre que ses lettres pastorales et ses mandements ne sont pas dépourvus de tout mérite littéraire.

Mais revenons à notre première assertion, à savoir qu'un homme peut n'être ni orateur, ni écrivain, et cependant posséder une intelligence plus qu'ordinaire et un jugement exquis. Eh ! bien, c'est ce que nous pouvons et devons dire de Mgr Jacoupy.

Dès l'apparition du 1er livre de l'*Essai sur l'indifférence* de M. de Lamennais, le public et le clergé, au moins en grande partie, poussèrent des cris d'admiration ; on dévorait ce livre si capable de séduire par la grandeur des idées et la magnificence du style. Mgr Jacoupy, au contraire, après en avoir fait une lecture attentive et sérieuse, fut le premier, au milieu de son entourage, à jeter le cri d'alarme. Il reconnaissait sans doute que le livre était bon et orthodoxe, mais il apercevait les tendances regrettables de son auteur, de ce grand esprit ébloui par son génie ; il prévoyait ce que seraient les autres livres du même ouvrage et voilà pourquoi il jetait le cri d'alarme. Il en avait appelé, pour justifier ses appréhensions, au témoignage toujours si évident des conséquences, et ses appréhensions ne furent malheureusement, hélas! que trop bien justifiées.

D'un coup d'œil auquel rien n'échappait, il embrassait la cause, la marche et le dénoûment des plus importantes affaires. Dans le commencement de son épiscopat il laissait à ses conseillers et à ses intimes la solution des questions difficiles, tant sa modestie le portait à se méfier de ses propres lumières. Mais la grande responsabilité qui pèse sur un évêque, soit qu'il agisse par lui-même, soit qu'il agisse par ses subalternes, lui fit un devoir de prendre une part plus directe aux affaires de l'administration diocésaine et l'on put dès lors constater le sens droit, le jugement exquis et l'esprit éminemment pratique de l'évêque d'Agen. Aussi son administration a-t-elle été féconde en bonnes œuvres et en choix heureux pour les postes importants du diocèse.

Habitué à voir les hommes et à traiter avec eux, il connaissait au premier abord le caractère et la trempe de chaque esprit. Son œil lisait facilement au fond des cœurs et, comme a dit l'auteur de son oraison funèbre, ceux qui l'approchaient étaient obligés d'avouer que pour échapper à sa connaissance il aurait fallu presque s'abstenir de penser devant lui.

Napoléon Ier lui-même estimait beaucoup Mgr d'Agen. Il disait un jour, au sujet de ce prélat,

*qu'il n'avait pas la main moins heureuse pour
faire les évêques que pour faire les généraux.*

Sous le rapport du cœur, que de choses n'aurions-
nous pas à dire de Mgr Jacoupy. Il avait une tendresse de cœur et une délicatesse de sentiments peu
ordinaires.

Sa plus grande, sa plus vive et sa plus profonde
affection était pour l'Eglise dont il était un des pontifes, pour l'Eglise catholique, apostolique et romaine. Rome et son chef suprême étaient pour lui
la personnification de cette Eglise, et c'est vers
Rome qu'il tournait toujours ses regards. « *Je puis
» manquer de lumières*, disait-il avec simplicité,
» *mais mon cœur ne se trompe jamais quand il se
» tourne vers Rome.* » — « *Aimez*, disait-il à ses
» prêtres dans sa dernière lettre pastorale, *aimez la
» sainte Eglise catholique, apostolique et romaine,
» seule organe et dépositaire de la parole de Dieu,
« seule colonne et fondement de la vérité, hors de
» laquelle il n'y a plus que trouble, désordre et
» mort intellectuelle, pour les nations comme
» pour les individus. Tenez par le fond de vos
» entrailles à cette sainte Eglise bâtie sur la pierre
» angulaire qui est J.-C. et sur le roc inébranla-
» ble qui est le prince et le chef des pontifes Notre
» Saint-Père le Pape.* »

Oh ! comme ces paroles étaient bien l'expression
des sentiments de son cœur et comme elles étaient
bien placées sur les lèvres de ce vieillard, qui pour
confesser sa foi et son amour pour l'Eglise, n'avait
pas hésité, dans sa jeunesse, à prendre le chemin
de l'exil et qui plus tard sut noblement résister à la
volonté de fer du plus grand et du plus impérieux
des monarques !

Il aimait aussi beaucoup ses prêtres. Et comment en aurait-il été autrement? Pendant ses quarante années d'épiscopat, il avait ordonné lui-même presque tout son clergé. Les jeunes prêtres qui avaient participé à sa première ordination de 1802 étaient déjà des vieillards en 1840 ! « *C'est à vous sur-* » *tout, bien aimés coopérateurs,* dit-il dans sa der- » nière lettre pastorale, *que nous voulons donner* » *un gage solennel de notre satisfaction, de notre* » *estime et de notre tendresse. Eh! pourrions-* » *nous oublier jamais que nous avons eu le bonheur* » *de vous engendrer presque tous dans le sacer-* » *doce? Combien nous aurions souhaité de vous* » *guider jusqu'à notre dernier soupir dans la* » *sainte milice du Seigneur et de terminer parmi* » *vous notre carrière, avec la douce certitude que* » *la main de nos enfants fermerait nos yeux !* » *Mais, nos bien aimés coopérateurs, la divine* » *Providence nous semble avoir sur nous d'autres* » *pensées. En nous faisant vivement sentir le* » *poids de notre âge et de nos infirmités, elle nous* » *avertit, comme autrefois le grand apôtre, que* » *notre maison de boue tombe en ruine, que nous* » *déclinons vers le tombeau et que le jour de no-* » *tre mort approche. En nous ôtant les facul-* » *tés* (1) *sans lesquelles nous ne saurions suffire à* » *nos devoirs, elle nous conseille ou plutôt elle* » *nous prescrit de déposer notre fardeau, se ré-* » *servant de confier à des mains plus habiles et* » *plus fortes les rênes d'un gouvernement que les* » *attaques redoublées de l'hérésie et de l'impiété* » *rendent tous les jours plus pénible et plus diffi-* » *cile.* »

____

(1) Il était devenu sourd.

Il était heureux de se trouver avec ses prêtres, de les honorer devant les peuples, de les consoler dans leurs peines, de les encourager dans leurs travaux et de leur témoigner de toute manière sa tendresse. Dans ses tournées pastorales, on l'a vu quelquefois quitter la place d'honneur qu'on lui avait réservée dans le sanctuaire, déposer sa crosse et sa mitre entre les mains de ses suivants et aller au-devant de pauvres prêtres que la timidité ou l'humilité retenaient à l'écart, loin de lui. La foule reconnaissante contemplait avec admiration l'évêque pressant sur son cœur ces humbles prêtres, émus et attendris jusqu'aux larmes de cette paternelle attention, de cette haute faveur.

« Ils sont toujours présents à votre pensée et plus encore à votre reconnaissance, Messieurs, disait à ses confrères M. l'abbé Souèges dans l'oraison funèbre du prélat, ces entretiens familiers où sans descendre de son rang il nous élevait nous-mêmes jusqu'à lui et consentait à ne faire de son cœur qu'un cœur avec le nôtre ! Qui de nous se retira jamais de sa présence ou moins satisfait ou moins heureux ? Qui lui ouvrit les plaies de son âme sans les sentir rafraîchies par ses larmes ou adoucies par sa bonté. » Et dans un autre endroit de l'oraison funèbre, M. Souèges ajoute : « Si dans les derniers temps de sa vie des souffrances presque continuelles donnaient quelquefois malgré lui à ses paroles un ton voisin de l'humeur, il s'en plaignait le premier et la bonté y mêlait aussitôt sa douceur et son sourire. »

Cette affection qu'il avait pour son clergé et son diocèse ne le quitta pas dans la retraite et le suivit jusque dans le tombeau. « *Que ma langue s'atta-*

» *che à mon palais,* disait-il, *si jamais je t'oublie,*
» *ô cher diocèse d'Agen, ma patrie adoptive !* »
Dans l'acte authentique de ses dernières volontés,
après avoir fait plusieurs legs à son église cathédrale, il lui lègue encore sa dépouille mortelle :
« *Que mon corps,* dit-il, *revienne à cette famille*
» *dont mon cœur n'a jamais été séparé. Il est*
» *juste qu'un père prenne son repos au milieu de*
» *ses enfants.* »

Son cœur se plaisait à se rappeler la paroisse où
il avait vu le jour, où il avait été baptisé et où avait
vécu ce digne prêtre dont il ne pouvait parler sans
attendrissement, ce bon M. Gros à qui il devait,
après Dieu, son sacerdoce et par là même sa crosse
et sa mitre de pontife. Lui parler de son pays, de
son village, de ses anciens amis et surtout de son
ancien curé, c'était lui procurer de bien douces et
de bien suaves émotions. De son vivant, il avait
beaucoup donné à l'église de sa paroisse et, à sa
mort, il lui a légué une grande partie de ses ornements épiscopaux.

La paroisse de Saint-Martin, par reconnaissance,
a voulu qu'une magnifique plaque en marbre avec
inscription fût placée dans les fonts baptismaux de
l'église pour perpétuer le souvenir du baptême de
son bienfaiteur. Elle conserve de plus comme pré-
cieuse relique, dans un magnifique cadre vitré, au-
dessus du vestiaire, une des plus belles mitres du
prélat.

Ribérac, dont les destinées et celles de Saint-
Martin ont été si longtemps unies, Ribérac aussi
avait part au souvenir, à l'affection et à la généro-
sité de l'évêque d'Agen.

Avec les gens du monde, tout en gardant la retenue grave et digne que comportaient sa position et son caractère, il savait intéresser par sa conversation et plaire par sa bonté et son affabilité.

En résumé, Mgr Jacoupy fut, comme l'avait prédit le grand Napoléon, un excellent évêque. Son sens droit, son jugement exquis, sa prudence et son habileté dans les affaires, sa piété, la dignité de sa tenue le mettaient certainement à la hauteur de sa position, en même temps que les précieuses qualités de son cœur lui gagnaient l'estime, la vénération et l'affection du clergé et des fidèles. Les vieux prêtres qui restent encore, les pieux laïques qui l'ont connu n'ont qu'une voix pour dire combien il fut un saint et pieux évêque, un bon administrateur, un grand et noble cœur.

Après avoir donné sa démission, Mgr Jacoupy se retira à Bordeaux où il vécut huit ans encore dans la retraite la plus profonde; en disant adieu à son diocèse, il avait dit aussi adieu au monde. Il se prépara avec le plus grand soin au redoutable passage de l'éternité. Aussi, lorsque la mort vint le frapper, le 27 mai 1848, elle ne le surprit pas; il se tenait prêt chaque jour à paraître devant le souverain juge.

Son corps, selon ses désirs, fut transporté à Agen pour être inhumé dans sa cathédrale.

Le jour de ses funérailles une foule nombreuse, accourue de tous les points du diocèse, était venue rendre un dernier hommage, payer une dernière dette de reconnaissance au pieux pontife qui avait occupé de si longues années le siège d'Agen et qui avait laissé dans les cœurs de si profonds souvenirs. Une magnifique oraison funèbre qui nous a fourni pour cette notice de précieux documents, fut prononcée par M. Souèges, son ami et vicaire général du diocèse.

On grava sur son tombeau cette épitaphe qui résume admirablement toute sa vie :

Hic quiescit

R. R. D. D. Joannes JACOUPY, episcopus
Natus Sancti-Martini-de-Ribérac
Die XXVIII aprilis, anno MDCCLXI.
Obiit Burdigalæ, die XXVII maii MDCCCXLVIII.
Pius Christi sacerdos, fidem confessus
In Angliâ exulavit (1792).
Onus angelicis humeris formidandum
Redux humiliter suscepit (1802).
Ecclesiam Aginnensem à se instauratam
Pace rexit, religione auxit.
Quæ sunt Cœsaris Cœsari reddens
Quæ sunt Dei Deo strenuâ fide
      Vindicavit (1811).
Plenus dierum annos æternos cogitans
Pontificalia tremens munera exuit (1840).
Quem clerus populusque luxerunt.

R. I. P.

    «   Dixi ad Deum : Quis sum ego ut educam filios Israël ? Qui dixit mihi : Ego ero tecum.

           (Exod. III.)

Voici la traduction :

Ici repose

le Très Révérend Mgr Jean JACOUPY, évêque, né à Saint-Martin-de-Ribérac le 28 avril 1761. Il mourut à Bordeaux le 27 mai 1848. Prêtre pieux, confesseur de la foi, il exila en Angleterre (1792).

Il reçut avec humilité, à son retour, le fardeau de l'épiscopat redoutable pour la sainteté des anges mêmes (1802). Il administra avec esprit de pacification l'Eglise d'Agen rétablie par ses soins et y fit croître la piété. Rendant à César ce qui appartient à César il réclama pour Dieu avec une foi intrépide ce qui appartient à Dieu (1811). Plein de jours et pensant aux années éternelles il se dépouilla avec une sainte crainte de la charge pontificale (1840). Le clergé et le peuple le pleurèrent.

Qu'il repose en paix !

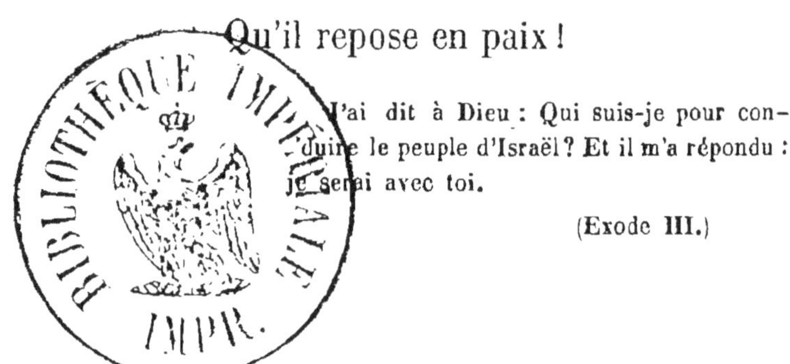

J'ai dit à Dieu : Qui suis-je pour conduire le peuple d'Israël ? Et il m'a répondu : je serai avec toi.

(Exode III.)

8971 — Ribérac, typ. et lith. Delecroix.

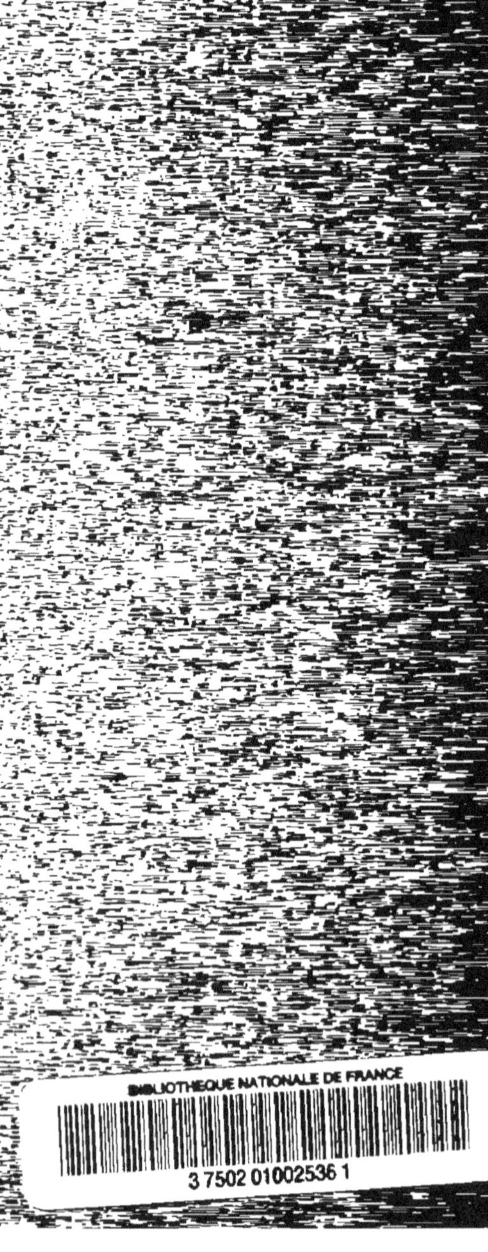